Fort, utile et beau

Du même auteur

LE CHANT DES CŒURS

LE CONCEPT EN POEMES

Christina Goh

FORT, UTILE ET BEAU

Recueil de poèmes

Christina Goh, *Fort, utile et beau.*
2011. Tous droits réservés.
ISBN 9782810621958 BOD

*A Amélie, Jacqueline et David,
si précieux....*

Cher lecteur,

Ce recueil est une lettre que je vous fais
parvenir en toute amitié.
En espérant vivement et du fond du cœur que
vous trouverez ces confidences poétiques
belles, fortes et utiles…

Christina Goh

I
DU « BLUES »

Entre deux eaux...

L'humain n'est-il pas lui même entre deux eaux
(le spirituel et le matériel) ?
C'est le « blues »...

Humain

Tu t'effondres et je vais moins bien
Parfois sans même te connaître...
Quand mon sourire illumine ton cœur,
Les pleurs d'autrui me déchirent l'âme…

Ainsi sommes-nous, connectés...
Une chanson et nos rêves s'envolent
Nos souvenirs de fragiles Humains…
Des non-dits gonflés d'espérances…

Nous habitons une terre inconnue
Dont le ciel nous abrite ou nous terrifie…
Les océans emportent nos divagations…
Qui sommes-nous au bout du compte ?

Et le vent porte les secrets des Hommes
S'exhale l'Amour, la part de l'immense
Qui nous rassemble au-delà des différences.
On trouvera la force… On saura comment…

Aimer.

Le soleil

Le soleil darde ses rayons intrépides
Et on se souvient...

C'est d'avoir échappé à la sècheresse
Et sa famine, qui creuse inlassablement
Le trou béant de nos angoisses;

Quand fuir l'intensité des flammes
Permet de préserver nos audaces
Celles qui nous gardent en vie.

Car les yeux brûlés ne peuvent voir...
Or, nous nous résignons à suivre des fous
Souvent aveugles sans le savoir.

Le soleil darde ses rayons intrépides
Et je comprends :

Pourquoi regarder le soleil ?
De Nerval nous avait prévenus...
Et pour Balzac, c'est la voie des morts...

Chaleur, lumière... Mais suit-on la torche ?
Non. Elle nous éclaire pour le chemin.
A nous de dresser l'itinéraire.

II
DU CIEL

Ce sont ces touches intangibles
Délices de l'âme
Qui illuminent le regard

Elles teintent nos vies
De couleurs lumières
Tableaux du ciel !

A l'Elégance...

Elle sublime le quotidien
Au-delà des apparences
Tout en discrétion
Elle dissémine les grâces,
Pépites de fantaisie
Disposées en harmonie
Pour le bonheur du regard
Procure la joie profonde...
Celle qui adoucit le cœur.

En cheminant ce matin,
J'ai croisé l'Elégance.
Quelle tenue... Quelle retenue !
Avec quelle délicate adresse
Touche-t-elle l'âme assoiffée !

Non. Il n'est aucunement question
De richesses matérielles.
Et oubliez l'air du temps...

Le savoir vivre existe encore.

On...

Devant les nouvelles de violence
L'ère est aux faces bien mises
Maquillées pour la fête et la mort
La pilule est amère, mais s'avale.

On râle, peste, cœurs chagrins
Mais on se moque de l'innocent
Coupable d'avoir cru en la bonté
D'un monde qu'on pense perdu…

Chaque nuit, on cherche le sommeil
On s'endort parfois sur les secrets,
Regrets de nos espérances enfouies,
On voudrait oublier d'avoir peur.

Ce sont ces moments où l'on se perd...
Mais moi, je te souris.
Et je t'embrasse. Fort...
La pilule est amère et se jette.

Silence

Merveille du silence
Quand je te regarde
Et que je vois le reflet de mon âme

Splendeur du silence
Quand naît dans mon cœur
Le bonheur…

Magnifique silence
Puissant silence
Entre deux notes de musique...

C'est une joie profonde
Des petits riens agencés
Qui redonnent des couleurs...

Le silence parle
Pour la première fois
Je comprends.

Enfin !

III
D'ICI-BAS

J'ai ouvert les yeux
Et vu le rire de l'enfant

J'ai prêté l'oreille
Et entendu le chant de l'oiseau

J'ai touché puis senti la fleur
Le vent a caressé mes joues

Comment donc pourrai-je le nier ?
Ce monde est aussi ma sérénité…

FRAGILE est un cri de victoire...

"Fragile" est un cri de victoire
Le résultat d'une guerre sans merci
C'est le cœur qui ne s'est pas endurci
Les lèvres frémissant encore sous un baiser
Le regard brillant de l'enthousiasme...

"Fragile" est un chant troublant
Devant l'indifférence des résignés
La fureur des terrassés
La détresse cruelle des enchaînés
Ils donnent des coups pour la mort...

"Fragile" est un souffle de bonheur
Douceur, cristalline s'écoule la rivière
Transparente et pure, des larmes
De joie de ceux qui éprouvent encore
L'Emotion avec la Raison.

"Fragile"
Est l'Humain.
Puissions-nous nous accepter enfin.
Sublime Equilibre...
Que nous protègent les muses !

Plaisirs

Douceur des caresses
Et ruisselle l'affection
De nos corps qui se mêlent…

Suave jus du fruit
Qui comble l'appétit
Du ventre affamé de désir…

Comme est exquise
La fusion de nos odeurs
En un parfum rare, unique !

Sérénité du sommeil
Quand le corps éprouvé a résisté
Et sublimé notre volonté.

Ainsi se déclinent les plaisirs purs
De deux âmes qui aiment.
Perfection des sens…

Rage de Vie

C'est comme une maladie
Cette envie dévorante
Irrépressible, elle enflamme
Brûlante, mes retenues…
Jamais… Ne s'éteint.

Je l'ai couverte sous le manteau
L'ai dissimulée tant bien que mal
Sous les replis des conventions
En vain.
Elle s'est frayée un chemin…

Je succombe.

De nouveau.
Le sourire m'échappe.
Non.
Parmi les larmes… le rire…
Il se profile… Non, non !

Leur leçon était pourtant simple :
Terreur, peur, chagrin
Angoisse, solitude et mort…
Cette opiniâtre envie de vivre,
Finira donc par tout gâcher…

Mais c'est plus fort que moi...
Aime chercher la beauté du tout
M'esclaffer d'un rien...
Entre deux désillusions,
L'espérance est mienne.

Alors, oui ! Je succombe…
A l'appel de la vie.

IV
DE SOI

Quand l'illusion du savoir se dissipe,
Quand la force connaît ses limites,
Se dévoile notre « je veux ».

Nos standards...

C'est une ombre qui plane
Invisible
Un poids trop lourd à porter
Imaginaire ?

Et pourtant comme ils y croient !

Rationnels,
Maîtres des faits,
Ils ont une foi absolue
En la Normalité.

Ni trop gros ou trop faibles
Il faut correspondre
Aux standards, s'y conformer.
Quant aux dommages collatéraux…

…

Mais la fantaisie se réveille !

La liberté s'apprend doucement
Entre deux épreuves de solitude
Retentissent les rires de la découverte.
C'est l'au delà des commodes apparences…

Bouillon de l'espoir

La marmite est posée sur le feu
Transpire un peu.
Rougeoient les flammes...
Frémit doucement... La marmite.
S'inscrit dans le décor
Tout est si bien rangé,
Ordonné, structuré...

Mais transpire la marmite...
Et le bruit, l'entendez-vous ?
Clip, clip… Clip...
Quand on y prête attention,
On suit le bruit du regard...
On voit bien le couvercle
De la marmite. Il bouge.

Qu'y a t-il donc sur le feu ?
Un bouillon de bonnes intentions,
D'émotions, raison, soutien mêlés.
Sentez-vous déjà son fumet ?
Délicieuse odeur de la bonté.
Elle se manifeste dans les villes
Froides... Mais le cœur est chaud.

Si Chaud…

V
D'UNE QUESTION

La raison demande :
« Quelle est l'étendue de ce monde ? »

Le cœur répond :
« Dis-moi jusqu'où te portent les rêves… »

« Je veux » dit :
« Le monde est mon rêve. »

Nouvelle saison des désirs...

C'est d'avoir survécu à l'hiver...
Le soleil tendrement nous caresse
Il réchauffe le cœur convalescent.

Les couleurs s'affichent et défient
De les compter, contempler leurs nuances...
Vives douceurs et fureurs délicates

Virevoltent les oiseaux messagers,
Tintent à nos oreilles les cloches,
Et célèbrent la nouvelle saison des désirs...

Mon cœur bat la mesure, je te prends la main
Mes lèvres t'embrassent à perdre haleine,
Nos souffles se mêlent à se perdre...

C'est d'avoir survécu à l'hiver,
Se dévoilent éclatantes les sensualités
De nos rêves qui ont refusé de s'éteindre...

Nos rêves...

Le sentez-vous ?
Un souffle discret
Mais un air nouveau
Une brise exquise...

L'entendez-vous ?
Ce chant lointain...
Mais la rumeur le couvre
A peine.

C'est le vent qui porte nos rêves.

Il glisse entre les mains
Façonne le relief de nos espoirs
Disperse les feuilles mortes
De nos angoisses.

Oui, il rafraîchit, pousse l'ondée
Et monte le sang aux joues
De plaisir. Renouvelle l'atmosphère
De nos vies.

Serait-ce que nos rêves portent le vent ?

VI
DE GRANDS EFFETS

Réaliser
Un bien grand mot !
Non.
Un grand mot tout court
Avec de grands effets…

Une alliée

L'amour n'est pas un mythe.
Entre deux écueils, l'affection se dévoile,
Se dresse, superbe, écrase les larmes.

L'espérance a tracé une route.
Boueuse, négligée parfois… mais sûre !
L'au-delà des apparences...

J'en ai fait une alliée…

De cette rage tapie au-dedans,
Tout au fond,
Dont on ne peut se défaire…

Vous savez…

Cette rage de vivre, celle qui dévore,
Plus forte que nous,
Son feu rougeoie… Et je suis…

Attirée par sa lumière
Me consume… Ce regard…
On ne tue pas l'espoir !

C'est un rêve, une liberté,
L'irrépressible désir de se gagner, d'y croire
Encore. Vibrent le corps, l'âme… Et je ris…

Et succombent les années noires !

Toute autre...

La valse de nos décisions
Emportent les résolutions
A petit pas se forge le destin
De nos cœurs contrits ou ravis…

Tapie au plus profond des âmes
Notre volonté a déjà voté
Quand s'étiole la robe des envies
Factices… et imposées.

Ainsi fut-ce autrefois… Pour moi.

L'explosion douloureuse des illusions
A crée un gigantesque feu d'artifice
Il a illuminé ma nuit juste avant l'aube...

Et ce foisonnement de couleurs lumières
Ne fût que l'ombre des choses à venir
Avant la découverte d'une indicible réalité...

Toute autre... Suis-je...

Mon cœur bat plus fort...
Et le jour s'est levé.

VII
D'UN FIL...

En vérité, ça ne tient qu'à un fil
Il part de toi à moi
Suis les aléas de nos vies...

Qui pourra expliquer notre premier regard,
Le sourire qui gagne notre cœur
Chaque fois, la douceur complice qui sauve...

Et d'âme à âme, qui pourra prétendre
Que c'est affaire de classes, de statuts
ou de races...
Folies...

En vérité, ça ne tient qu'à un fil
Ni l'âge, ni le corps, encore moins la raison
C'est une force qui maintient en vie...

Quand l'Amour germe au plus profond de soi,
Que son écho retentit si fort, en l'autre,
porté par le vent,
Se lézardent puis s'écroulent les forteresses...

Les rêves se réalisent un jour... Toujours
Chut... disent-ils
Mais c'est un chant qui unit le Tout...

Notre histoire n'est-elle pas un chant ?

Christina Goh
Tours, France, le 15 août 2011

Table des matières

I. Du « blues » 11

II. Du ciel 15

III. D'ici-bas 21

IV. De soi 27

V. D'une question 31

VI. De grands effets 35

VII. D'un fil 41

Quelques mots sur l'auteur

Christina Goh est auteur-compositeur et interprète. Cette chanteuse française d'origine ivoiro-martiniquaise avait d'abord opté pour le journalisme avant de succomber à sa passion pour la musique.
« Fort, utile et beau » est le troisième recueil de cette poétesse à la plume incisive si particulière.

Découvrez l'univers musical et poétique de Christina Goh

www.christinagoh.net

Un recueil atypique à découvrir !

LE CONCEPT EN POEMES
Christina Goh

Ce recueil est une expérience inédite : chaque chapitre est une illustration poétique inspirée de l'album musical "Christina Goh Concept". Un voyage littéraire surprenant au cœur d'un univers unique.

Christina Goh
ISBN 978-2-9536553-0-8,
Couverture souple, 64 Pages

Une exploration surprenante du chœur
des pensées qui nous habitent…

LE CHANT DES COEURS
Christina Goh

Le premier recueil de l'artiste francophone.
Une réflexion poétique troublante sur ce qui
rassemble les cœurs des hommes.

**Christina Goh
ISBN 978-2-7466-0747-7,
Couverture souple, 92 Pages**

Imprimé en Allemagne par Books on Demand GmbH